AF563657

DISCOURS

PRONONCÉ LE 7 JANVIER 1864

DANS LA GRANDE SALLE DES COURS DU SÉMINAIRE PROTESTANT

POUR RENDRE

LES DERNIERS HONNEURS ACADÉMIQUES

A

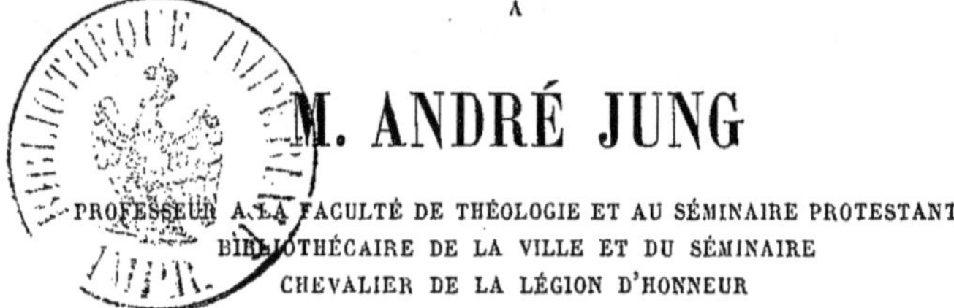

M. ANDRÉ JUNG

PROFESSEUR A LA FACULTÉ DE THÉOLOGIE ET AU SÉMINAIRE PROTESTANT
BIBLIOTHÉCAIRE DE LA VILLE ET DU SÉMINAIRE
CHEVALIER DE LA LÉGION D'HONNEUR

PAR

CHARLES SCHMIDT

PROFESSEUR A LA FACULTÉ DE THÉOLOGIE ET AU SÉMINAIRE PROTESTANT

STRASBOURG
TYPOGRAPHIE DE G. SILBERMANN, PLACE SAINT-THOMAS, 3
1864

DISCOURS.

Messieurs,

L'ancienne Université de Strasbourg avait la coutume, quand un de ses membres lui était enlevé par la mort, de consacrer à sa mémoire une séance publique. Les magistrats, les citoyens les plus notables, les pasteurs, les professeurs, les élèves, tous unis par le même amour pour une institution qui était une des gloires de la ville, se réunissaient pour offrir un dernier hommage à celui qu'on venait de perdre; on croyait que les services rendus à la science étaient en même temps des services rendus à la cité entière.

Le Séminaire, héritier de l'Université, a conservé ce noble et pieux usage. Les solennités, il est vrai, ne sont plus aussi imposantes, le public s'y presse en moins grand nombre, nous les célébrons en famille pour ainsi dire: mais nous y tenons pour rappeler avec un légitime orgueil ce qu'ont été nos morts, pour manifester les regrets que nous inspire leur départ et la reconnaissance que nous devons à leurs travaux au milieu de nous.

Aujourd'hui nous sommes réunis pour exprimer ces regrets et cette reconnaissance, à l'occasion de la perte d'un homme qui les mérite à un haut degré. Par l'étendue de son savoir, par son activité infatigable comme professeur, comme bibliothécaire, comme administrateur, par sa fermeté dans la défense de ce qu'il croyait juste, par la modération qu'il savait garder au milieu des luttes entre des partis extrêmes, par sa bonté inaltérable,

M. Jung s'est concilié l'estime, non-seulement de ses collègues et de ses élèves, mais de toute notre Église protestante.

Je remercie le Séminaire de m'avoir choisi pour porter la parole en cette circonstance ; ancien disciple de M. Jung, plus tard honoré de son amitié, encouragé et aidé par lui dans mes études, ayant pu apprécier par des rapports presque journaliers ses qualités éminentes, je suis heureux de lui payer publiquement le tribut de ma gratitude, tout en servant d'organe aux sentiments de vous tous. Mon intention n'est pas de lui consacrer ce qu'on appelle un éloge académique; vous avez trop connu et trop aimé M. Jung, pour qu'il fût besoin de le louer devant vous, son éloge est au fond de vos cœurs ; et rien ne formerait un contraste plus étrange avec la modestie de son caractère, que les vaines pompes de la rhétorique. S'il n'avait pas des titres sérieux à notre vénération, nous aurions beau lui tresser des couronnes, nous ne lui créerions qu'une renommée factice et passagère, son nom serait oublié aussi vite que nos faibles discours. Pour honorer dignement la mémoire de M. Jung, je dois mettre dans mes paroles la même simplicité qu'il mettait dans tous ses actes. Aux yeux du monde sa vie ne peut paraître que très-uniforme; elle n'offre que les incidents peu dramatiques de l'existence paisible d'un homme uniquement voué au culte de la science et au service de l'Église ; sans ambition d'aucune espèce, M. Jung n'a rien fait pour chercher la popularité, il n'a été en toutes choses que l'esclave de ses devoirs : mais c'est par le fidèle accomplissement de ces devoirs qu'il s'est créé une réputation qui, parmi nous au moins, ne périra point. Son enfance et sa première jeunesse ne semblent pas présager encore ce qu'il est devenu dans la suite; né à l'époque des plus violents orages de la Révolution, il n'a reçu d'abord qu'une instruction imparfaite et insuffisante, mais par l'énergie de son travail il a su combler les lacunes et s'élever à cette position, où il est si difficile de le remplacer.

M. André Jung naquit à Strasbourg le 20 juin 1793 ; il descendait d'une ancienne famille bourgeoise, appartenant à la tribu des bateliers; son père, homme actif et considéré, faisait le commerce des produits du pays, ses bateaux descendaient le Rhin jusqu'au delà de Mayence. Dans la nuit où André, son troisième fils, vint au monde, il était comme garde national au bord du Rhin, servant une batterie établie contre les Autrichiens qui occupaient Kehl. L'exercice du culte étant encore interdit, l'enfant fut baptisé en secret à onze heures du soir, par le pasteur Engel, de Saint-Thomas, dans une chambre soigneusement fermée du côté de la rue.

Le père était un homme sévère; la première éducation de l'enfant fut rude et simple, mais tempérée par la bonté de la mère, femme de beaucoup de sens. De bonne heure le petit André vint demeurer chez sa grand'mère paternelle, qui était veuve et qui habitait une vieille maison au Finckwiller[1] ; l'enfant, qui devait la distraire dans sa solitude, en était récompensé par des récits sur les coutumes des temps passés.

Quand il fallut l'envoyer à l'école, la difficulté était grande; dans les familles bourgeoises on commençait à sentir la nécessité de faire apprendre aux enfants le français, dont l'enseignement n'avait pas encore pénétré dans les écoles paroissiales. Maître Reinbold, pasteur de l'hôpital, venait d'ouvrir une école française; c'est à lui que fut confié André Jung. Reinbold était un ardent patriote; dans la petite salle où il donnait ses leçons se déployait un immense drapeau tricolore; tous les jours un des

[1] Cette maison, donnant sur l'eau, était occupée de père en fils par la famille Jung depuis le seizième siècle.

élèves, placé sous ce drapeau, aisait la lecture d'un journal; quand celui-ci rapportait une victoire des armées françaises, maître Reinbold lançait son bonnet en l'air en s'écriant : *Vive la République!* et les élèves répétaient avec bonheur ces marques d'enthousiasme. C'était ainsi qu'à cette époque on apprenait chez nous la langue française.

Au sortir de cette école naïve, le jeune Jung, âgé de dix ans, entra au Gymnase. Quoique placé sous la direction de l'illustre Oberlin, cet antique établissement laissait infiniment à désirer. Se relevant à peine des rudes coups qui l'avaient frappé dans les premières années de la Révolution, il était livré à la routine et au pédantisme; l'enseignement des langues classiques, jadis si brillant et qui avait procuré à l'école une réputation européenne, se faisait avec une sécheresse qui ne pouvait que dégoûter les élèves; le français était traité comme une langue étrangère, c'est-à-dire fort négligé; les quelques notions qui se donnaient sur l'histoire, la géographie, les mathématiques, l'histoire naturelle, n'étaient guère plus suffisantes que celles qu'on trouvait sur les mêmes matières dans les autres écoles de ce temps. Parmi les élèves d'ailleurs régnait l'esprit d'insubordination, héritage de la période révolutionnaire. Les armées qui traversaient Strasbourg, les bulletins des victoires les intéressaient plus vivement que les médiocres leçons de leurs maîtres. Plus d'une fois Jung allait avec ses condisciples sur les glacis de la ville imiter les combats qui faisaient alors la gloire des armées françaises. Robuste et alerte, insouciant de son avenir, le jeune André était à la tête de tous les tours joués aux professeurs. Toutefois la grande facilité qu'il avait déjà pour le travail compensait son manque d'application régulière; il obtint des prix dans presque toutes les classes.

Il quitta le Gymnase avec une instruction classique assez insignifiante, pour se vouer à la théologie, moins par une vocation bien prononcée pour le ministère, que pour satisfaire ses goûts pour l'étude, qui devenaient plus ardents de jour en jour. Son père, qui aurait préféré qu'il entrât dans sa propre carrière, eut quelque peine à approuver sa résolution. Le 10 octobre 1809 il fut inscrit à l'Académie protestante, comme on appelait alors notre Séminaire. Là il trouva, dès son entrée dans la section préparatoire, des professeurs distingués. L'helléniste Schweighæuser, quoique fort âgé déjà, expliquait les auteurs grecs; Dahler, plus jeune, aussi érudit que consciencieux et modeste, traduisait les poëtes latins; Herrenschneider faisait des cours de logique et de métaphysique avec une clarté parfaite. Dans la section théologique, dans laquelle Jung fut admis après avoir été reçu bachelier ès lettres le 10 avril 1811, il y avait également des professeurs capables d'exercer sur les jeunes gens une grande influence. Blessig, entraînant par son débit chaleureux, interprétait les prophètes, enseignait le dogme et donnait des leçons sur la philosophie des pères de l'Église; Haffner, plus froid mais plus classique dans la forme, professait la morale et expliquait les épîtres du Nouveau Testament; l'exégèse de l'Ancien Testament était confiée à Dahler; Fritz, enfin, que les étudiants aimaient pour sa bonté, s'occupait des Évangiles, de l'apologétique et de la catéchétique. Un instinct secret poussait Jung vers les études historiques; quand il entra au Séminaire, il n'y avait personne malheureusement qui eût pu lui servir de guide; Koch, une des gloires de l'ancienne Université, maintenant maladif et fatigué, ne faisait plus de cours; et le professeur Weber, chargé de l'histoire ecclésiastique, était un vieillard presque tombé dans l'enfance. Ce ne fut que depuis 1812 que l'histoire de l'Église fut enseignée de nouveau avec un certain éclat par Emmerich, nommé professeur à l'âge de vingt-six ans. Les leçons de ce jeune savant, toutes pleines de sentiment et d'imagination, ne demeurèrent pas sans effet sur M. Jung. Cependant, ce qui plus tard devait être la tâche de sa vie, n'était encore chez lui qu'un vague désir. Malgré le zèle des professeurs, les élèves travaillaient peu; ces temps, où la pensée n'était pas libre et où le bruit des armes retentissait seul de toutes parts, étaient peu favorables aux fortes études. Strasbourg attirait alors de nombreux étudiants des provinces conquises, de la rive gauche du Rhin, de la Hollande, des villes anséatiques. Avec eux s'étaient introduites les mœurs des universités allemandes. Jung ne fut pas un des moins animés de ces jeunes gens, qui préféraient les distractions bruyantes au calme de la salle des cours. La forte trempe de son caractère le préserva des égarements où se sont perdus beaucoup d'autres, et lui permit de développer de plus en plus ses aptitudes spéciales.

Pendant les vacances il faisait avec des amis des excursions dans les Vosges; la franche gaîté qu'il montrait en ces courses ne l'empêchait pas de prendre des notes sur tout ce qui l'intéressait, de dessiner les plans des châteaux en ruines, de copier des inscriptions, et de réunir ainsi les premiers éléments de ces connaissances archéologiques par lesquelles nous le verrons un jour se distinguer.

Le 6 septembre 1814, les professeurs de théologie du Séminaire lui délivrèrent le certificat qui le déclarait capable de remplir le ministère.

Deux années après il partit pour visiter quelques Universités. Il se rendit d'abord à Gœttingen, à cette époque une des écoles les plus florissantes. Des professeurs célèbres y avaient fondé un enseignement historique qui, en ouvrant au jeune strasbourgeois des horizons nouveaux, détermina sa vocation définitive. Chez Eichhorn, aussi savant comme historien que comme critique et exégète, il trouva une vaste science exposée dans un beau langage; chez Stæudlin, une érudition étonnante, mais débitée d'une manière monotone; chez Heeren, des vues nouvelles sur l'antiquité. Celui qui le captiva le plus fut Plank, l'historien de l'Église et surtout du siècle de la Réforme. Par la finesse des ses aperçus psychologiques, par la modération de son jugement, par son esprit conciliant et calme, Plank fit une vive impression sur M. Jung; il n'admirait pas seulement le talent de cet homme illustre de concentrer dans ses leçons des trésors de savoir, tout en parlant très-lentement, il fut frappé aussi de la sagacité avec laquelle il essayait d'expliquer les causes des faits; il ne démêla pas encore ce que ce pragmatisme avait d'exagéré, il ne remarqua pas que Plank était trop préoccupé de la recherche de mobiles secrets et trop disposé à juger le passé d'après les opinions de son propre temps. Quoi qu'il en soit, la vie de Jung prit désormais une direction plus sérieuse, il travailla avec plus de persévérance, il avait trouvé la voie que Dieu lui avait destinée : l'histoire de l'Église devint l'objet préféré de ses études, il s'y lança avec toute l'énergie de sa nature. Guidé par les premiers maîtres de la science, ayant à sa disposition les richesses de la bibliothèque de Gœttingen, il commença à recueillir les matériaux de son grand savoir.

Au lieu de visiter d'autres Universités, il resta à Gœttingen une année entière; il en partit en août 1817, se rendit avec quelques amis par Dresde, Leipzig et Prague à Vienne, passa quelques semaines en cette capitale, et revint par Salzbourg et Munich à Strasbourg à la fin d'octobre. Par les notes qu'il rapporta de ce voyage, on voit que non-seulement il savait observer les monuments historiques et sentir les beautés de la nature, mais aussi qu'il jugeait déjà les hommes avec une remarquable exactitude.

A Strasbourg il reprit son logement dans la maison du Finckwiller. L'aisance de son père lui permit de vaquer librement à ses études, sans avoir besoin de chercher une occupation pour gagner sa vie. Il commença dès lors, pour la faire durer pendant plusieurs années, une vie partagée entre le travail le plus opiniâtre et les poétiques jouissances de son âge. Sa chambre, encombrée de livres, habitée par des oiseaux, des lézards, des écureuils, pour lesquels il a eu longtemps une passion singulière, était une fois par semaine le rendez-vous d'amis, dont plusieurs ont occupé plus tard des positions éminentes. Parmi ces amis, Jung avait la réputation d'être le plus savant, et il la méritait bien. Il fréquentait assidûment la bibliothèque, dont le triste état lui faisait pitié, et peut-être lui inspirait déjà le désir de devenir un jour l'organisateur de ces trésors, à peine alors accessibles. En même temps il prêcha quelquefois dans un village voisin, « mais cela ne me réussit pas, » me dit-il un jour. En effet, il n'était pas né orateur, ses sermons, pleins de théorie, ne manquaient pas d'une certaine verve, mais étaient dépourvus de toute application pratique; tout le portait vers la science, plutôt que vers l'exercice des fonctions pastorales. Naturellement il ne s'occupait pas seulement d'histoire, il n'eût pas été théologien s'il s'était confiné dans ce champ, quelque vaste qu'il soit; mais esprit peu spéculatif, il avait accepté le système théologique qui dominait alors dans les écoles protestantes.

En 1819 fut établie à Strasbourg la Faculté de théologie à côté du Séminaire; Fritz fut nommé professeur de morale, et mourut déjà deux ans après. M. Jung sollicita cette chaire, quoiqu'elle ne fût pas conforme à la véritable spécialité de ses études; on la donna à son ami M. Bruch, mieux qualifié par ses connaissances philosophiques et exégétiques; M. Jung lui-même s'empressa de reconnaître l'excellence de ce choix. Sans occupation fixe et désireux de se rendre utile, il se joignit alors à quelques amis pour fonder un journal. Depuis la fête séculaire de la Réformation, en 1817, le public protestant était revenu avec une nouvelle ardeur aux idées religieuses, et témoignait surtout un vif intérêt pour l'histoire de la Réforme. On demandait un enseignement sur les origines du protestantisme, et une nourriture pour le sentiment pieux. Ce fut pour satisfaire ce besoin que M. Jung et ses amis firent paraître, de 1821 à 1823, leur *Timotheus*, *journal pour la propagation de la religion et de l'humanité ;* tel était le titre de cette publication, rédigée dans le genre à la fois vague et pathétique de ce temps. M. Jung y inséra un grand nombre d'articles, principalement sur des sujets historiques, empruntés soit aux siècles passés, soit à l'époque contemporaine. Les deux plus remarquables, ayant encore aujourd'hui un certain intérêt, sont un travail sur Frédéric Reiser, précurseur de la Réforme à Strasbourg, et une notice biographique sur Butzer. Le mémoire sur Reiser, fait d'après le protocole manuscrit de son procès, est jusqu'ici le seul qu'on ait consacré à ce personnage, brûlé par l'Inquisition en 1458.

A la fin de l'année où la publication de ce recueil avait été commencée, s'ouvrit pour M. Jung un autre champ d'activité plus fécond et plus régulier. En novembre 1821, il fut nommé supérieur du collége de Saint-Guillaume. Dès son entrée en fonctions, ses connaissances variées, son affabilité, sa complaisance à toute épreuve lui gagnèrent l'affection des élèves ; il vécut au milieu d'eux non comme un chef, mais comme un ami paternel, trop bon peut-être pour ceux qui ne se faisaient pas scrupule d'abuser de son indulgence. Les expériences qu'il fit à Saint-Guillaume, les questions que lui adressaient les élèves, les conseils qu'ils lui demandaient sur des études dont ils ne connaissaient encore ni l'importance ni l'étendue, lui inspirèrent l'idée de faire un cours d'encyclopédie pour servir d'introduction à la théologie. Dès le printemps 1823, le Séminaire l'autorisa à ouvrir ses leçons, qu'il a renouvelées plusieurs fois dans la suite ; le manuscrit qui en reste rend témoignage de l'érudition qu'à l'âge de trente ans M. Jung s'était acquise par son labeur infatigable ; c'est une véritable encyclopédie, non-seulement des différentes branches de la théologie, mais de toutes les sciences dont le théologien doit posséder les éléments pour s'orienter dans ses études spéciales.

Satisfaite de ses succès, et pour le récompenser des services rendus aux élèves, la Faculté sollicita pour M. Jung, en 1826, le grade de licencié ; il lui fut accordé sans hésiter par l'illustre Cuvier, qui dirigeait alors les affaires des Églises protestantes en France. Peu de mois après le Séminaire s'adjoignit M. Jung comme professeur agrégé. Il continua de rester supérieur du collége de Saint-Guillaume, où il avait projeté de grandes réformes. Ceux qui ne connaissent que le beau pensionnat d'aujourd'hui, ceux mêmes qui ont encore vu les bâtiments dévorés en 1860 par les flammes, peuvent difficilement se faire une idée de ce qu'était Saint-Guillaume à l'époque où y entra M. Jung. Figurez-vous le vieux couvent des Dominicains, tel qu'il avait été construit au treizième siècle, avec ses cellules étroites qu'on ne pouvait pas chauffer, ses vastes corridors sombres, ses salles obscures, son cloître régnant encore sur les quatre côtés du jardin privé d'air. Tout était délabré, la pluie pénétrait par les plafonds, le vent sifflait à travers les fenêtres mal jointes, les planchers rongés par les rats avaient l'aspect de terrains parsemés de fondrières. Depuis trois siècles rien n'avait été fait pour améliorer cette maison, dont les modiques ressources suffisaient à peine à l'entretien de ses habitants. Lorsqu'en 1720 on répara quelques fenêtres, les pensionnaires, étonnés de tant de munificence, consacrèrent le souvenir de ce fait mémorable, en faisant sceller dans le mur un flacon rempli de vin et une adresse de reconnaissance rédigée en grec [1].

A peine installé dans cette antique habitation, M. Jung

[1] Le flacon et l'adresse, écrite sur parchemin, furent retrouvés lors de la démolition des murs, au printemps de 1863.

songea à la reconstruire d'une manière qui répondît mieux aux besoins de notre temps. Il rencontra d'abord des difficultés qui auraient rebuté tout autre, mais une fois convaincu de l'utilité d'un projet, il mettait à sa poursuite une ténacité de volonté qu'aucun obstacle ne pouvait arrêter. C'est ainsi qu'il réussit pour Saint-Guillaume; après plusieurs années d'efforts, il obtint la reconstruction de l'aile que plusieurs d'entre vous ont encore habitée, et qui, achevée en 1828, fut envahie en 1860 la dernière par le feu.

Pendant que M. Jung en dirigeait les travaux, il entreprit la publication d'un ouvrage qui depuis longtemps le préoccupait. Tout en poursuivant ses études générales sur l'histoire de l'Église, il avait fait des recherches particulières sur la Réformation strasbourgeoise. Il disait avec raison que la période de la Réforme est la plus belle de l'histoire de notre ville. Des prédicateurs savants et pieux, un magistrat aussi ferme que sage, une bourgeoisie éclairée ont introduit chez nous le nouvel ordre des choses, sans ces violences qui ailleurs ont accompagné la rupture avec l'Église de Rome. Raconter cette grande époque était pour M. Jung un devoir de patriotique reconnaissance envers nos pères et un moyen de retremper le courage des protestants de nos jours.

Il explora, à cet effet, avec un soin minutieux les innombrables documents manuscrits conservés aux archives de notre Séminaire, et la multitude de pamphlets et de livres que possèdent la bibliothèque du même Séminaire et celle surtout de Saint-Guillaume. Le premier fruit de ses études parut en 1830 dans le but de contribuer à la célébration de l'anniversaire séculaire de la remise de la Confession d'Augsbourg à Charles-Quint; ce fut une relation historique de la diète de Spire de 1529, où les Etats évangéliques ont présenté au roi Ferdinand leur protestation contre la décision en vertu de laquelle l'œuvre de la

Réforme devait être suspendue. Ce travail, fait principalement d'après les dépêches des députés strasbourgeois, est le premier qui ait retracé dans tout son ensemble l'histoire de cette assemblée célèbre ; il fait ressortir en même temps la part honorable qui revient à la cité de Strasbourg dans les mesures arrêtées par les protestants.

Dans la même année 1830, cet ouvrage fut suivi du premier volume de l'histoire de la Réformation à Strasbourg même. M. Jung y raconte les origines du mouvement jusqu'à l'année 1524 ; observant une juste mesure dans le choix de ses matériaux, il a su éviter l'écueil contre lequel échouent tant d'auteurs de monographies, d'accumuler dans le cadre d'un sujet restreint, trop de choses appartenant à l'histoire générale. L'ouvrage entier devait se composer de trois volumes, complétés par un quatrième donnant un choix des documents les plus importants.

En outre M. Jung voulait publier un travail sur la Renaissance littéraire à Strasbourg ; autour de la figure originale du prédicateur Geiler de Kaysersberg devaient se grouper les humanistes et les poëtes, Pierre Schott, Thomas Wolf, Wimpheling, Sébastien Brant et beaucoup d'autres ; ce tableau d'une époque bien intéressante et encore peu connue devait ouvrir une série d'autres, que M. Jung avait l'intention de consacrer aux réformateurs strasbourgeois eux-mêmes ; une biographie complète de Butzer, accompagnée d'un recueil de ses lettres, devait succéder au travail sur les humanistes.

Mais après les deux volumes mis au jour en 1830, M. Jung interrompit son activité littéraire ; ses occupations officielles de plus en plus nombreuses absorbèrent désormais tout son temps. On peut dire qu'en renonçant à écrire des livres, il a fait preuve d'une abnégation rare ; il avait un vrai talent pour la composition allemande ; son style était clair, animé, parfois même élégant ; un peu prolixe et emphatique dans les articles insérés dans le *Timotheus*, il était devenu plus sobre dans les deux ouvrages sur la Réforme. Partout en ces derniers on est frappé de la sûreté du coup d'œil de l'historien, qui démêle les faits les plus significatifs, et de l'habileté du littérateur, qui les groupe de manière à présenter des tableaux pleins de vie. Nous regretterions profondément l'interruption des travaux littéraires de M. Jung, si, en se décidant à déposer sa plume, il n'avait pas obéi à des devoirs plus hauts.

A ses fonctions de supérieur de Saint-Guillaume il joignait déjà celles de professeur agrégé et de bibliothécaire adjoint du Séminaire. Avant de parler de ce qu'il a fait pour les bibliothèques, suivons-le quelques instants dans sa carrière de professeur. En 1830, M. Haffner qui, jusqu'à l'âge de soixante-dix-neuf ans, n'avait pas cessé de faire ses cours, chargea M. Jung de le remplacer pour le dogme; M. Jung, qui était de préférence historien, enseigna l'histoire de la dogmatique; ce sont les premières leçons que j'aie entendues de lui, elles nous intéressèrent vivement surtout par leur nouveauté. M. Haffner étant mort le 27 mai de l'année suivante, M. Jung fut nommé professeur titulaire au Séminaire, il fit dès lors un cours sur l'histoire des dogmes. Haffner ayant aussi laissé vacante une chaire à la Faculté de théologie, le ministre de l'instruction publique voulut qu'il y eût un concours pour la nomination du professeur. Les concours, il est vrai, sont une institution libérale, présentant des garanties sérieuses et faisant ressortir aux yeux de tout le monde le mérite des candidats; mais la Faculté pensait alors que pour une chaire de théologie, et surtout pour une chaire de dogme, ils ont moins d'avantages que d'inconvénients; elle craignait que les discussions entre les concurrents ne dégénérassent en luttes confessionnelles, dont elle croyait devoir éviter le spectacle peu réjouissant. Elle exposa ses scrupules au ministre, qui persista dans sa décision; seulement il accorda que M. Dahler passât à la chaire de dogme, afin que le concours n'eût lieu que pour celle de l'exégèse de l'Ancien Testament.

Mais là se présentait un embarras; notre vénérable collègue M. Fritz était alors seul en mesure d'enseigner l'hébreu, et pourtant il lui fallut des concurrents, le ministre le voulait ainsi. En conséquence, MM. Willm et Jung se décidèrent à entrer dans la lice, non pour disputer le terrain à un homme dont ils appréciaient la science, mais pour sauver les formes et pour se créer, comme ils le dirent, des titres à des chaires pouvant devenir vacantes dans la suite et mieux en rapport avec leurs études spéciales. Le concours eut lieu en mars 1832; M. Jung fit deux leçons sur un sujet donné par la Faculté : résumé critique de la croyance à l'immortalité de l'âme chez les anciens Hébreux aux différentes époques de leur histoire. M. Fritz fut nommé professeur d'hébreu; la Faculté s'honora en se l'adjoignant, en même temps elle demanda pour MM. Willm et Jung des diplômes de docteur en théologie; le ministre les accorda, parce que, disait-il, les épreuves du concours équivalaient bien à celles pour le doctorat.

Bientôt après mourut M. Dahler (27 juin 1832), et M. Matter, élevé aux fonctions d'inspecteur général de l'Université, quitta la chaire d'histoire ecclésiastique. M. Jung, d'abord proposé pour le dogme, fut chargé, par arrêté ministériel du 8 février 1833, des cours d'histoire; la nomination comme professeur titulaire ne lui parvint que dix ans plus tard (1er juillet 1843); dès 1835 il renonça aux fonctions de supérieur de Saint-Guillaume.

Chargé de l'histoire, il prit possession de son vrai domaine; comme sa position de professeur au Séminaire et à la Faculté lui imposait l'obligation de faire un double cours, il traita, outre l'histoire générale de l'Église, les différentes branches qui s'en détachent, l'histoire des dogmes, l'archéologie, la théologie symbolique. L'histoire de l'Église était le véritable élément de sa vie; « enseigner cette histoire, dit-il un jour, est une mission que je regarde presque comme un privilége.» Selon lui les connaissances historiques sont aussi indispensables au pasteur qu'au théologien qui ne s'occupe que de science. Le pasteur, chargé de diriger une communauté, ne doit-il pas savoir comment s'est formée et développée la société chrétienne, comment elle s'est éloignée de la vérité et comment elle tend à y revenir pour réaliser un jour le royaume de Dieu? En voyant l'erreur se glisser dans la doctrine et fausser le culte et l'organisation, ne serons-nous pas plus décidés à travailler au triomphe de ce qui est juste et vrai? Et le spectacle des luttes, souvent si violentes sur des formules souvent si incomplètes, ne doit-il pas nous apprendre à nous méfier de notre propre infaillibilité et à nous modérer dans nos jugements sur les autres? Tels étaient les résultats pratiques que M. Jung attendait de l'étude de l'histoire de l'Église, résultats que cette étude aura toujours quand elle est entreprise avec la ferme conviction que le christianisme est la vérité et avec l'impartialité qui convient à tout historien sincère.

Disciple de Plank, M. Jung suivait peut-être avec un peu trop de fidélité la méthode pragmatique de ce savant célèbre; avec une habileté ingénieuse il savait trouver des causes pour tous les faits et découvrir les mobiles des actions des hommes; bien souvent il a trouvé juste en marchant dans cette voie, si attrayante pour un esprit sagace; mais ne risque-t-on pas aussi de passer quelquefois à côté du vrai? Plus d'un historien s'est trompé en voulant tout dériver de la diplomatie humaine, sans assez tenir compte du gouvernement de Dieu.

M. Jung racontait l'histoire avec simplicité, sans appareil de phrases; de temps à autre pourtant sa parole s'animait quand il parlait de l'héroïsme des témoins de la vérité ou de la dureté et de la perfidie des persécuteurs; il réussissait ainsi à faire passer dans l'âme de ses auditeurs l'émotion qu'il éprouvait lui-même.

Il possédait à un haut degré cette qualité, si précieuse pour l'historien, de vouloir tout connaître; rien ne lui semblait trop petit pour mériter son intérêt, il savait que le fait en apparence le plus insignifiant peut acquérir de l'importance quand on le considère comme symptôme d'une tendance morale ou religieuse, et qu'on le fait entrer dans l'enchaînement général des événements. Jusqu'à la fin de ses jours, M. Jung a conservé cette ardente curiosité à laquelle rien ne pouvait échapper. Par ses vastes lectures il restait au courant, non-seulement de tout ce qui arrivait dans le monde, mais aussi des jugements portés par la science actuelle sur le passé de l'Église. Il s'empressait de profiter des nombreuses découvertes faites dans les dernières années, où les études historiques ont pris un si grand essor; quant aux hypothèses, il avait l'esprit trop positif pour les admettre sans examen; il appliquait la critique à la critique moderne elle-même, sa conscience d'historien ne lui permettait pas de se contenter de conjectures quelque séduisantes qu'elles fussent. En parcourant la masse de notes qu'il a laissées, j'ai admiré à la fois sa patience comme travailleur, son talent si peu commun de n'extraire de ce qu'il lisait que les traits les plus caractéristiques, et la rectitude de son jugement sur les hommes et les choses. Sa curiosité d'historien n'a eu qu'un seul défaut : M. Jung a cru que tout ce qui l'intéressait devait aussi intéresser ses auditeurs; il en est résulté qu'en intercalant successivement dans ses cours tous les résultats de ses recherches, il a fini par leur donner une étendue peut-être trop considérable. Son cours sur l'histoire moderne surtout a pris des proportions extraordinaires; il remplit à lui seul onze cartons, tandis que celui sur les huit premiers siècles n'en remplit que deux.

Il est certain que rien n'est plus difficile que de traiter

l'histoire contemporaine ; trop rapproché des événements, on ne peut encore ni les saisir dans leur ensemble organique ni les juger *sine ira et studio ;* pour ne pas se perdre dans la contemplation des détails et pour s'élever à une appréciation équitable, il faut être à une certaine distance des faits ; autrement on ne donne qu'une sorte de statistique, ou bien on fait du récit un moyen de controverse. M. Jung sentait mieux que personne ces inconvénients d'un cours sur l'histoire contemporaine, il s'efforçait de les diminuer par la chaleur de son exposition ; convaincu avec raison que le théologien, appelé à exercer une action sur les hommes de son temps, doit connaître l'esprit, les tendances, les luttes de son époque, il voulait initier ses auditeurs à cette connaissance, en leur communiquant ce qu'ils n'auraient pu trouver eux-mêmes qu'à force de longues recherches. Aussi son cours sur l'histoire moderne était-il un des plus goûtés des étudiants ; avec les matériaux qui en forment la base on pourrait composer un ouvrage des plus instructifs.

Quand j'ai vu ces manuscrits de M. Jung, je me suis demandé comment un homme, qui a travaillé comme un des grands bénédictins du dernier siècle, a pu se consacrer aussi au service absorbant des bibliothèques ! Distingué comme historien érudit, M. Jung a été plus distingué encore comme bibliothécaire. Comme tel, il s'est élevé un monument que le temps ne détruira point, en même temps qu'il en a élevé un à sa ville natale. Nous ignorons ce que fera l'administration municipale pour honorer la mémoire de l'organisateur de sa magnifique bibliothèque. Quant à nous, nous avons le droit d'être fiers que cet organisateur ait été un membre de notre Séminaire protestant. Bien des personnes ne connaissent pas toute l'étendue des services rendus par M. Jung comme bibliothécaire ; elles ne se rendent pas compte du savoir, du travail, de la persévérance qui ont été nécessaires pour mener à bonne fin une entreprise comme celle dont s'était chargé notre digne collègue; il a fait preuve des connaissances encyclopédiques les plus vastes, il a sacrifié à ses fonctions ses projets littéraires, dont l'exécution lui eût procuré une belle réputation parmi ses concitoyens et au dehors; il a joint à ce dévouement une activité presque sans exemple: aussi grâce à ses efforts de plus de trente années, la ville de Strasbourg possède-t-elle aujourd'hui une bibliothèque qui, par sa disposition aussi savante que belle, fait l'admiration de tous les étrangers qui la visitent.

Quand M. Jung revint d'Allemagne, les conservateurs des bibliothèques étaient Herrenschneider et Schweighæuser fils; ces deux savants ne suffisaient pas à la tâche. La bibliothèque de l'ancienne Université, aujourd'hui propriété légitime du Séminaire, et celle de Schœpflin, appartenant à la ville, étaient seules classées avec un certain ordre; la grande bibliothèque de la ville, provenant des maisons religieuses supprimées pendant la Révolution, était entassée pêle-mêle dans le chœur du Temple-Neuf, qui n'était pas encore divisé en étages. M. Jung, plein des souvenirs de la bibliothèque de Gœttingen, et doué des qualités qui font l'organisateur, offrit ses services à Herrenschneider, qui s'empressa de les accepter. Bientôt l'excellent Herrenschneider ne put plus suivre son jeune et ardent collaborateur, il lui abandonna tous les soins de la bibliothèque du Séminaire, et dès 1826 le fit nommer par celui-ci son adjoint officiel. Schweighæuser, paralysé trois années après, dut cesser ses fonctions, Herrenschneider vieillissait, toute la charge demeura entre les mains de M. Jung. Et cette charge eût été de nature à effrayer tout autre! Tout était à refaire ou plutôt à créer à neuf; le local manquait pour les 200,000 volumes dont se composaient les trois bibliothèques, les catalogues étaient incomplets et mal disposés, il n'y en avait pas même encore pour la riche collection formant le fonds de la bibliothèque de la ville. En 1832 M. Jung, quoique n'étant encore que bibliothécaire adjoint, — il ne devint bibliothécaire en chef de la ville qu'après la mort de Herrenschneider en 1843, — en 1832, dis-je, il obtint l'arrangement intérieur du chœur du Temple-Neuf, d'après un plan qui rappelle en partie celui de la bibliothèque de Gœttingen. Aidé de quelques ouvriers, il transporta lui-même les milliers de volumes, qui encombraient le chœur, dans la salle de l'auditoire; tous les jours depuis le lever du soleil jusqu'à dix heures, où il faisait son cours, et après le dîner jusqu'au soir, il était à la bibliothèque pour s'occuper de cette besogne fatigante. Et quand furent achevés les travaux de reconstruction, il recommença la même besogne pour replacer les livres. Il se privait de tout repos, ne s'accordait nulle distraction, renonçait même à ses vacances, jusqu'à ce que le grand ouvrage fût entièrement terminé. Mais ce n'était pas tout; ranger les volumes sur des rayons n'avait été qu'un travail matériel; le plus important restait à faire, c'étaient les catalogues. Déjà en 1822 M. Jung avait commencé, de concert avec notre savant collègue M. Stahl, le catalogue systématique de la bibliothèque Schœpflin. Maintenant il fallut s'occuper de celui de la bibliothèque de la ville, pour lequel rien n'était préparé. M. Jung ne recula point devant la grandeur de sa tâche; il écrivit successivement sur des cartes les titres des livres, et chez lui, tous les soirs, jusqu'à deux heures du matin, assis devant une longue table, il classait ces bulletins innombrables, qui sont devenus la base des catalogues. Celui de la ville se compose de 76 volumes in-folio et de 2 volumes pour les incunables; celui du Séminaire comprend 18 volumes. M. Jung fut aidé en ces travaux par plusieurs jeunes hommes dévoués, que nous nous faisons un devoir de mentionner ici: son neveu, M. Frédéric Jung, aujourd'hui pasteur à Ittenheim, a été son collaborateur intelligent pendant quinze années; plus tard ce fut

M. Reussner, aujourd'hui professeur au Gymnase et successeur de M. Jung comme bibliothécaire du Séminaire.

Ces catalogues toutefois ne sont pas encore le plus grand mérite de M. Jung. Son chef-d'œuvre est l'inventaire des manuscrits de la ville ; c'est là qu'il a montré plus que de la patience, il s'est révélé comme historien et comme paléographe du premier ordre. Quiconque a eu entre les mains des manuscrits du moyen âge, saura combien de questions se présentent à résoudre quand on veut en faire la description. Non-seulement le même volume contient souvent une foule de pièces, mais d'ordinaire celles-ci sont anonymes et ne portent pas de dates. Il faut étudier chaque traité, d'abord pour savoir s'il est encore inédit, en ce cas il faut essayer de deviner l'auteur, et si on ne le découvre pas, fixer la date probable en consultant le genre d'écriture aussi bien que les idées exprimées. Le traité est-il publié déjà, il faut comparer le texte manuscrit avec le texte imprimé, pour constater les différences. M. Jung a accompli ce travail avec une perfection remarquable ; le catalogue des manuscrits de la ville, formant 5 volumes in-folio, est tout entier écrit de sa main ; chaque pièce y est décrite d'après sa forme et analysée d'après son contenu, de sorte que ce répertoire, s'il était publié, rendrait un service considérable à la science. Sur la demande du gouvernement une copie en fut envoyée à Paris ; elle valut à M. Jung les éloges les plus flatteurs du ministre de l'instruction publique et plus tard la croix de la Légion d'Honneur.

Je n'insisterai pas sur l'extrême complaisance de M. Jung envers ceux qui venaient visiter la bibliothèque ; chacun de nous sait avec quelle bonté il conseillait aux jeunes gens les meilleurs livres pour leurs études, avec quel empressement il communiquait aux savants les manuscrits ou les ouvrages qui devaient servir à leurs recherches, avec quelle bonne grâce parfaite il se mettait au service des étrangers, des simples curieux même, qui chaque fois quittaient la bibliothèque aussi surpris de la belle disposition du local et des richesses qu'il renferme, que charmés de l'amabilité du bibliothécaire. Constamment préoccupé du soin d'enrichir les collections de la ville, M. Jung profitait de toutes les occasions pour obtenir des dons du gouvernement, et ne gardait pour lui-même aucun des livres, souvent précieux, dont des savants étrangers lui faisaient hommage en reconnaissance des services qu'ils avaient reçus de lui. Des personnes mal informées ont prétendu que sous son administration la bibliothèque s'est augmentée presque exclusivement dans le domaine de la théologie et que la littérature a été sacrifiée ; nous démentons formellement cette assertion ; si M. Jung a acquis des livres théologiques, il ne l'a fait que pour la bibliothèque du Séminaire ; pour celle de la ville il n'a acheté que ce qui convient à une collection encyclopédique, ouverte aux littérateurs et aux savants de toutes les facultés. En soutenant le contraire on oublie qu'il existe une commission d'acquisition nommée par le maire, et il semble qu'on n'a vu aucun des relevés publiés régulièrement depuis 1839 jusqu'en 1862. A Paris et à l'étranger le nom de notre bibliothécaire était nommé avec le plus grand respect ; à Strasbourg aussi, tout récemment, M. le recteur de l'Académie, lui a rendu un hommage public dont nous avons été touchés profondément et pour lequel nous lui exprimons, également en public, toute notre reconnaissance. Oui, Messieurs, aussi longtemps que Strasbourg aura sa bibliothèque, il devra conserver le souvenir du savant désintéressé qui en a été le créateur.

M. Jung n'était pas seulement un bibliothécaire éminent, il était aussi un de nos premiers archéologues. Il connaissait l'Alsace romaine mieux que nous ne connaissons peut-être l'Alsace moderne. On le consultait sur tous les débris antiques retirés du sol, où ils avaient été enfouis depuis des siècles ; il visitait lui-même les lieux où l'on faisait des fouilles, déchiffrait les inscriptions, recueillait pour le musée fondé par Schœpflin et par Oberlin des vases, des armes, des médailles, des autels, des dalles funéraires. Dans un des journaux de la ville il a publié des notices précieuses sur plusieurs monuments nouvellement retrouvés. Dès 1851 il fut nommé correspondant du ministère de l'instruction publique pour les travaux historiques ; il envoya au Comité une série de travaux, dont les ministres l'ont vivement remercié. Lorsqu'en 1856 on créa la Société pour la conservation des monuments historiques d'Alsace, M. Jung en devint un des membres à la fois les plus actifs et les plus compétents par leurs connaissances réelles. Le *Bulletin de la Société* contient de lui quelques mémoires qui portent la lumière sur des faits historiques peu connus ou sur des questions douteuses d'archéologie. Aussi la Société, dans sa séance générale du 10 décembre 1863, a-t-elle décidé, sur la proposition de son honorable président M. Spach, d'inscrire dans son protocole que M. Jung a bien mérité d'elle et qu'il a puissamment contribué à la prospérité de son œuvre.

Il semblerait que tous ces travaux si nombreux, comme professeur, comme bibliothécaire, comme archéologue, eussent dû absorber tous les loisirs de M. Jung. Il n'en est rien, il savait se multiplier pour vaquer à mille autres soins. De bonne heure il s'était associé à quelques savants généreux, qui avaient institué pour des artisans des cours publics, dans une des salles du Gymnase ; M. Jung qui y traitait des sujets tirés de l'histoire de l'Alsace, de la géographie, de l'ethnographie, a continué jusque vers 1844 à prendre part à cette œuvre utile. Il a siégé dans les comités de plusieurs de nos sociétés religieuses et charitables, notamment dans celui de la société biblique, dont il a été un des plus zélés promoteurs. Depuis 1845 il a été membre et finalement président d'une école libre, établie par quelques pères de famille pour être dirigée sous leur propre surveillance; encore le 10 août 1862 il a prononcé le discours lors de la distribution des prix, après qu'il eut conduit lui-même les travaux de l'installation de l'école dans son nouveau local. Membre du Séminaire, il s'est consacré avec toute son ardeur à l'administration de nos fondations. Et là, Messieurs, nous le trouvons déployant des capacités d'autant plus étonnantes, que chez les savants elles sont plus rares. A l'époque où il fut admis dans le corps, l'administration était dirigée par quelques professeurs âgés, attachés aux méthodes du dernier siècle et s'effrayant de toute atteinte portée à leurs traditions. M. Jung et les autres membres plus jeunes eurent à soutenir des luttes fort vives pour faire sortir le Séminaire de la routine ancienne et introduire, dans la gestion de ses biens, les améliorations réclamées par l'esprit moderne. Ce qui ne vous étonnera pas moins, c'est qu'il a eu la passion des constructions et qu'il n'a pas manqué de connaissances en architecture; nous l'avons vu présider à la reconstruction de Saint-Guillaume et de la Bibliothèque; en sa qualité d'édile du Séminaire, il a bâti plusieurs maisons habitées par des professeurs, dirigé d'importants travaux au Gymnase et fait restaurer les beaux vitraux de l'Église de Saint-Thomas.

Parmi les services les plus grands qu'il nous ait rendus, nous devons signaler la part qu'il a prise à la défense des droits du Séminaire, chaque fois qu'ils ont été menacés. Personne mieux que lui ne connaissait l'origine de nos fondations protestantes, les traités et les lois qui nous en ont constitués les propriétaires légitimes. Nos adversaires ont trouvé en lui un combattant armé de toutes pièces, luttant avec énergie, mais opposant à des passions irréfléchies la modération qu'inspire la confiance de la justice de la cause. Dejà en 1844 il avait publié une notice sur les bibliothèques publiques de notre ville, pour constater, par la simple réimpression des documents officiels, les droits incontestables du Séminaire. Et lorsqu'en 1853 nos fondations furent attaquées violemment par une presse hostile, et qu'à ce prélude succédèrent l'année suivante les mesures prises par M. le maire pour revendiquer au nom de la ville la propriété des biens affectés à nos établissements d'instruction protestante, la confiance que nous avions dans les connaissances de M. Jung, le désigna pour être un des principaux champions de nos droits. Sur la demande du Consistoire supérieur, il rédigea avec une parfaite lucidité un rapport complet, établissant par le récit des faits et la réunion des documents la légitimité de nos possessions.

Ce rapport, publié par ordre du Directoire, servit de base aux remarquables consultations, données en notre faveur par plusieurs des plus éminents jurisconsultes de Colmar et de la capitale. Espérons que désormais les hommes éclairés et impartiaux ne concevront plus de doutes sur une question que la rivalité religieuse a seule eu le privilége d'obscurcir.

Conserver à notre Église protestante ce qui lui appartient et la faire fleurir en France, tel a été un des buts de la vie de M. Jung. Avant 1848 il n'avait pris part à sa direction qu'en remplissant ses fonctions de professeur. Depuis la Révolution il fut appelé aussi à s'occuper plus directement de ses intérêts généraux. Peu temps avant cette époque on avait commencé dans le public à discuter avec vivacité la loi constitutive de notre Église; cette loi était défectueuse sous plus d'un rapport, beaucoup de personnes, animées des intentions les plus sincères, en désiraient l'amélioration; mais la résistance constamment opposée à des vœux légitimes, produisit chez plusieurs une irritation qui ne se contenta plus de demander un perfectionnement de la loi, mais le changement radical de l'organisation existante. Le Directoire, composé de vieillards, était trop faible pour résister au flot qui s'élevait contre lui ; lorsqu'éclata la catastrophe de février, il donna sa démission. Le maire provisoire, qui était protestant, convoqua le 9 mars, les membres des Consistoires, les membres protestants de l'administration du département et ceux de la Commission municipale, pour aviser à la reconstitution de notre Église. Dans cette cette réunion, un peu tumultueuse, on nomma une Commission directoriale provisoire, dont fit partie M. Jung ; elle dut pourvoir aux affaires courantes et préparer un projet de constitution nouvelle. Je m'abstiens de juger ces faits ; je ne parlerai pas non plus de la constitution élaborée par la Commission, discutée et adoptée par l'assemblée des délégués réunis à Strasbourg en septembre 1848. Je ne veux dire qu'un mot sur la position prise en ces graves circonstances par M. Jung. En entrant dans la Commission directoriale, il a contribué, avec son ami M. Bruch, qui en était également membre, à préserver l'administration de notre Église des écarts où le mouvement révolutionnaire aurait pu l'entraîner.

Au milieu de l'assemblée des délégués il se sentait transporté d'enthousiasme ; dans l'entraînement de cette époque, il croyait qu'on travaillerait non-seulement à une œuvre humaine, mais au règne de Dieu, « à la consolidation, disait-il, des bienfaits que nous devons au Sauveur du monde. » Cependant il ne tarda pas à envisager la situation d'un œil plus calme et à renoncer à des espérances chimériques ; ce qui refroidit son ardeur, ce fut, comme il le dit lui-même, « le spectacle des luttes entre les hommes qui s'obstinaient à défendre l'ancien ordre des choses, et d'autres qui voulaient tout renverser. » Il essaya, non sans quelque succès, à faire le conciliateur, et se rendit en général très-utile dans les discussions par sa modération, son sens pratique, sa connaissance approfondie du droit protestant.

La constitution ecclésiastique de 1848, qui portait le cachet de ce temps, fut emportée comme tout ce qu'avait fait naître la moins justifiée des révolutions. Le décret du 26 mars 1852 introduisit l'organisation sous laquelle nous vivons depuis. Désormais un membre du Séminaire dut faire partie du Consistoire supérieur. M. Jung y fut délégué par ses collègues ; il y a siégé depuis 1853. Il était de toutes les commissions chargées d'examiner des affaires de compatibilité ou des questions litigieuses, et justifiait par son zèle et ses lumières la confiance qu'on mettait en lui. Dans les discussions mêmes il prenait rarement la parole ; comme l'a dit M. le président dans son discours funèbre, « il n'abordait les sujets qu'au moment le plus important, et parlait avec une autorité toujours sûre d'être écoutée. » Peu disposé à se laisser séduire par des théories, il n'envisageait les questions qu'au point de vue du possible, résistait aux opinions extrêmes et soutenait toutes les propositions tendant au vrai bien de l'Église. Dans la dernière session à laquelle il a assisté, dans celle de 1862, il présenta encore un rapport sur le mode de nomination des pasteurs ; se fondant sur l'esprit du protestantisme, sur les doctrines des réformateurs et les réglements ecclésiastiques du seizième siècle, il réclama pour les communautés le droit de coopérer au choix de leurs conducteurs spirituels. C'est par ce vœu que le vieillard a pris congé de l'Église ; il l'a légué aux générations à venir.

Nous sommes arrivés au terme de la carrière de M. Jung; nous avons vu se dérouler devant nos yeux une vie noblement remplie, riche en services rendus à l'Église et à la chose publique. J'ai essayé de vous en retracer une image fidèle, autant que cela m'a été possible dans le court espace de temps consacré à cette solennité. Ce qui assurément a dû vous frapper le plus, c'est la prodigieuse activité et l'énergique persévérance de M. Jung. Mais ce ne sont pas là les seules qualités par lesquelles il est digne de nous servir d'exemple. Il en est d'autres encore qui commandent notre haute estime. Qui de nous n'a pas eu des preuves de sa bonté toujours égale? Vous le savez, on pouvait le surprendre à toute heure avec la certitude d'être bien accueilli; il s'arrachait au travail pour vous éclairer de ses conseils, on craignait de lui dérober des moments si précieux pour lui, et pourtant on ne le quittait pas, on restait sous le charme de sa parole affectueuse et instructive. Qui de nous aussi n'a pas pu apprécier sa modestie, s'ajoutant à ses mérites pour leur donner leur véritable prix? Ceux qui l'ont approché de près savent quel peu de cas il faisait des distinctions; son ambition unique était de remplir en silence ses nombreux devoirs. Cette modestie était aussi le caractère de sa charité; sans ostentation il a répandu des bienfaits, dont les pauvres seuls ont eu connaissance; plus d'une famille, sauvée de la misère par ses conseils et ses secours, ne cesse de bénir son nom. Sa vie domestique a été des plus simples, mais c'est cette simplicité qui en a fait les charmes. Bien qu'il fût respecté partout et que nulle part il ne se trouvât dans l'embarras, il ne se souciait pas d'aller dans le monde; son monde à lui était la salle des cours, la bibliothèque, son cabinet d'études et surtout sa famille, qui lui était tendrement attachée. Rien de plus doux, de plus paisible que son intérieur, type de ce qu'il y avait de meilleur dans les usages du vieux Strasbourg. Marié le 31 août 1831 avec une femme digne de lui, il a joui dans cette union du bonheur le plus pur. Père de quatre enfants, il eut la satisfaction de donner ses filles à trois de ses anciens élèves, tous les trois occupant aujourd'hui des places honorables dans l'Église et dans l'enseignement protestant. Entouré de ses enfants et de ses petits-enfants, M. Jung, toujours jeune d'esprit, trouvait dans ce cercle intime ces délassements tranquilles que d'autres cherchent en vain au dehors. Il aimait à raconter, et il racontait d'une manière charmante, tantôt les souvenirs de sa jeunesse, tantôt les mœurs et les histoires des siècles passés. Le premier jour des vacances la famille entière partait pour la campagne; pendant de longues années M. Jung s'était refusé cette distraction; volontairement enchaîné à la bibliothèque, il ne consentit à profiter des vacances qu'après l'achèvement des travaux les plus importants; en 1842 et 1843 il s'établit dans le village de Hausbergen, afin de pouvoir aller tous les matins à la bibliothèque; en 1844 il se rendit pour la première fois à Lichtenthal, près de Bade, où il retourna tous les ans jusqu'en 1857, où l'aînée de ses filles épousa M. Hoff, pasteur à Sainte-Marie-aux-Mines. Depuis lors le presbytère de son gendre devint le rendez-vous annuel de la famille. Habitué dès sa jeunesse aux grandes courses pédestres, M. Jung trouvait encore dans ses vieux jours un plaisir extrême à parcourir nos montagnes, si belles et si riches en souvenirs historiques.

Grâce à Dieu, il n'avait été malade qu'une seule fois dans sa vie, en 1823. Jusqu'à l'époque de l'incendie qui, en 1860, dévora le Gymnase et Saint-Guillaume, sa santé semblait inaltérable; les émotions et les fatigues de cette journée néfaste furent les premières causes d'un affaiblissement de cette robuste nature. Au premier coup de tocsin, il accourut à la bibliothèque, qui était exposée aux dangers les plus graves; il y resta depuis deux heures jusqu'à dix heures du soir, les pieds dans l'eau et à deux pas d'une porte en fer presque chauffée au rouge; il résista à ceux qui voulaient ouvrir cette porte dans l'espoir de mieux éteindre les flammes, car il était certain que si on l'ouvrait les torrents de feu se précipiteraient dans la bibliothèque même. Grâce à sa prévoyance, celle-ci fut préservée; mais il emporta, outre la douleur d'avoir vu s'écrouler notre ancienne école, le germe d'un mal qui trois ans plus tard devait causer sa mort. Depuis ce jour on a remarqué un certain déclin de ses forces; il essayait de se tromper lui-même, pour ne pas s'interrompre dans l'accomplissement de ses devoirs; sa famille et ses amis conçurent parfois quelques inquiétudes, mais nous ne nous attendions pas à le voir partir déjà. Surpris pendant son dernier séjour à Sainte-Marie-aux-Mines par la maladie, il ne revint à Strasbourg que pour rendre son âme à Dieu. Il mourut le 12 octobre 1863, à sept heures du soir; sa dernière parole fut: « Je suis heureux. » Nous avons le ferme espoir que cette parole est accomplie pour lui, et que le fidèle serviteur a trouvé grâce auprès de son maître.

Le long cortége qui a suivi son cercueil à la tombe a été un témoignage de l'estime de ses concitoyens; le Consistoire supérieur a décidé qu'il lui serait érigé, dans l'église de Saint-Thomas, un monument à côté de ceux qui perpétuent le souvenir de nos illustrations protestantes. Il est beau d'honorer ainsi la mémoire de ceux qui se sont dévoués pour le bien public; mais ce qui est plus noble encore, c'est de les honorer en suivant l'exemple de leur dévouement.

TRAVAUX LITTÉRAIRES DE M. JUNG.

1821 à 1823. Articles divers dans le journal : *Timotheus, Zeitschrift zur Beförderung der Religion und Humanität.* Strassb.

1830. *Geschichte des Reichstags zu Speyer im Jahre 1529.* Strassb.

1830. *Geschichte der Reformation der Kirche in Strassburg und der Ausbreitung derselben in den Gegenden des Elsasses*, t. Ier, Strassb.

1836. *Notice sur les bibliothèques publiques de Strasbourg* (dans la *Revue d'Alsace,* publiée par M. Ch. Bœrsch). Strasb.

1844. *Notice sur l'origine des bibliothèques publiques dans la ville de Strasbourg*. Strasb.

1854. *Notice sur les fondations administrées par le Séminaire protestant de Strasbourg*. Strasb.

1855. *Réponse aux notes sur d'anciennes fondations de Strasbourg, publiées par M. le baron de Schauenburg, comme ayant été recueillies aux Archives de la ville.* Paris et Strasb.

1856 à 1860. Dans le *Bulletin de la Société pour la conservation des monuments historiques de l'Alsace :*

Notice sur Rheinzabern et ses antiquités.

Notice sur le château de Lœwenstein, depuis son origine jusqu'à sa destruction.

Inscriptions du monastère de Saint-Étienne à Strasbourg.

Rapport sur les découvertes de ruines romaines à Mackwiller.

www.ingramcontent.com/pod-product-compliance
Lightning Source LLC
LaVergne TN
LVHW020254230826
846091LV00006B/2408